AF296256

PROSOPOPEE

DE L'ASSEMBLEE DE LOVDVN.

Aux pieds du Roy.

M. DC. XX.

PROSOPOPEE
DE L'ASSEMBLEE DE
LOVDVN.

Aux pieds du Roy.

SIRE,

Vos tres-humbles, fidelles & tres-obeïssans suiets & seruiteurs, qui font profeßion de la Liberté Chrestienne en vos Royaumes & Souuerainetez, recognoïssants que Dieu vous a departy de son image, pour leur estre Roy, Seigneur & Pere, portent à vos pieds les tres-humbles vœux de leur fidele seruice, & supplient tres-humblement vostre Majesté se vouloir souuenir, que comme Dieu appelle Iustice l'effet de ses promesses, qu'ainsi veritablemét peuuent-ils appeller Iustice l'effet des vostres, puis qu'il vous a pleu les affermir par vos Edicts, publier pour le bien de paix & repos de vos suiets. C'est ceste Iustice, que pressez du sentiment de leurs maux, ils osent maintenant vous demander, & comme à leur Pere commun, vous dire auec tout le respect qui leur est poßible. Que leurs peres, ayant arrousé de leur sang les lauriers de Henry le Grand, de tres-glorieuse memoire, ils ne peuuét que soufpirer, de ce qu'il leur faut encore auiourd'huy arrouser de leurs larmes ceux de Louys le Iuste, gemiffans en l'attente des fruicts qu'ils deuoient recueillir de la part si glorieusement acquise par ses incomparables vertus, si heureuse-

ment conseruée par les vostres. Pour la cimenter dans son
Estat, il a cera ces Eedits, & leur donna la trempe, dont la
vigueur conseruée sous la foy publique dans le sein de vostre Majesté, passée par l'espreuue de vostre minorité,
auoit faucé les replis de la malice, vous auoit veu majeur
d'ans, & de sagesse, & deuenoit heureusement impenetra-
ble sous vostre pleine & parfaite authorité, si par les secrets
desseins d'aucuns mal affectionnez à vostre seruice elle ne
receuoit des attaintes de toutes parts.

Vos Edits, Sire, ont par tout assez d'authorité pour nous
contenir en nostre tres-humble deuoir, non assez de bon-
heur pour nous maintenir en seureté. Ceux qui sont plus
portez de passion estrangere que de zele au bien public, en
ont iusqu'icy enerué la vigueur, & vont décousant les pie-
ces plus notables par les executions, contrauentions & sinistres interpretations, qui de iour en iour vont augmen-
tant le mal, & tellement affoiblissant les remedes, que si
V. M. ne verse sur ceste partie de ses sujets le bon-heur de
sa Royale Iustice, nous ne pouuons que preuoir sur nous
l'oppression ja conceuë par nos aduersaires, & trop souuent ressentie en ce que nous auons de plus cher. La Religion, la Vie, l'Honeur, les Biens nous sont debattus, ostez,
flétris, emportez, comme à personnes indignes de vostre
Protection, incapables de toutes fonctions publiques, &
forcloses de tous benefices, que les loix du Royaume dé-
partent à vos suiets. Ces choses, Sire, n'altereront point la
fidelle obeissance que nous deuons à vos commandemés,
ny le tres-humble respect qui no° lie à vostre seruice: mais
nous supplions tres-humblement V. M. trouuer bon que
vous ouurant nostre sein, & vous découurant nos playes
nous cherchions le remede en vostre Royale bonté.

Nous croyons qu'estant nostre Roy, vous estes aussi

noſtre Pere, & que les torts ou iniuſtices qu'on nous faict,
ont leur reflection iuſques à vous, & rejaliſſent en fin ſur
l'Eſtat, duquel quand nous pourrions-nous oublier nous
meſmes, nous deuons eſtre jaloux pour le bien de noſtre
poſterité. Et quand nous ſerions inſenſibles à tout cela, ſi
eſt-ce que comme Chreſtiens nous ne pouuons pas longuement porter les outrages, où contre vos Edits, Ieſus-
Chriſt eſt viuemēt offenſé, ſans nous teſmoigner indignes
des graces qu'il nous a faites. Nous ſommes appellez à
ſouffrir pour luy, non à ſouffrir qu'on le deshonnore, qu'ō
eſtouffe ſa parole, qu'on déguiſe ſa verité. Les calomnies
dont on eſſaye de noircir noſtre profeſſion, s'attachent à
luy. Vons ne trouueriez pas bon, Sire, que nous ouiſſions
raualer voſtre authorité, la transferer ou ſoubmettre à vn
autre, ſans nous en remuer, ſans nous efforcer à la maintenir. Que dirons-nous de noſtre deuoir enuers Ieſ. Ch. qui
a le ſouuerain Empire ſur nos ames? ains que dirons-nous,
ſi jaloux pour voſtre authorité & pour l'independance de
voſtre Couronne, nous ſommes auiourd'huy perſecutez?
(quoy que ſous autres pretextes) par ceux qui conſpirent
ſur nous, non pas parce que noſtre religion leur eſt contraire: mais parce que nous trauerſós leurs deſſeins tem-
porels, & qu'ils ſçauēt que ne pourriós viure iamais ſous
autre influence que celle de nos Rois legitimes & naturels
que Dieu, non les hommes nous aura donnez.

Nous ſçauons que leurs aſſociations, congregations,
practiques ſecrettes, croiſades, en effect ſe baſtiſſent pour
noſtre ruine: Là ſommes nous voüez premierement à
execration, puis deſtinez à perdition, deſignez pour vi-
ctimes à leurs paſſions. Tout cela peu de choſe, ſi les Roys
meſmes ne ſeruoient d'aſperſion à tels ſacrifices, ſi le deſ-
ſein ne paſſoit iuſques à l'Eſtat. Ambition effroyable de

commander vn iour à toute la Chrestienté, qu'il faille es-
pendre tant de sang innocent pour la desalterer, & entas-
ser tant de morts pour seruir de degrez à leur Throsne
imaginé, chose déplorable; qu'ils interessent les Princes &
les peuples pour les faire instruments de leur cruauté, exe-
cuteurs de leurs passiôs sous pretexte de Religion, & que
cela soit tenu pour fable; parce que nous le disons? Sire,
nous souspirons sous ces artifices, & gemissons de veoir
l'espaisseur des escailles, qui couure la prunelle aux puis-
sans, & qu'ils se laissent mener insensiblement à leur propre ruine par le desir de la nostre. que ces jeux tragicques
s'apprestent aux despens de vos sujets, & que les François
y iouent leur personnage, à l'adueu de ceux qui leur fournissent de roolle, & voudroient bien que ce fust au Roy
despouillé. Sire, nous vous supplions tres-humblement
nous permettre de vous dire auec toute submission & re-
spectueuse liberté, que nous tenons la prudence humaine
vne dangereuse guide ès affaires d'Estat, si la Iustice & la
Pieté ne vont deuant. En la côduite de ce dessein de nous
ruiner, tant s'en faut que nous recognoissions de la Iustice ou de la Pieté en nos haineux, qu'à grand peine y voyôs
nous quelque traict de prudence, ouy de malice & de pi-
perie, que nous croyons né pouuoir longuement prospe-
rer, mais voicy le plus grand mal que nous y trouuons,
c'est que des vostres mesmes, leur donnant trop la main,
font les fautes, & vostre Majesté en aura le desplaisir, pour
veoir ses sujets desvnis, le leuain des ligues entretenu, le repos de l'Estat esbranlé, & vostre oreille importunée d'vn
million de plaintes. Ceux qui portent la main à ce grand
œuure, soit par zele de religion inconsideré, ou pour leur
interest particulier, ou par obeissance aueugle qu'ils
vouent à d'autres superieurs que vous, ou par leur propre

A iij

malice, ou par serment de conscience qu'ils preferent tousiours à iceluy qu'ils vous ont iuré, abusent de vostre
Royale bonté, employant vostre sacré Nom, vostre in-
uiolable authorité à la ruyne de soy-mesme. Nous le
voyons, nul ne nous en croid, l'artifice a gaigné le deuant,
& les preiugez ont fermé le pas à nos aduertissemens.
Nos aduersaires n'ayans peu boucher l'oreille à la cle-
mence de nos Roys, ont desguisé nos aduis, leur ont don-
né des sinistres interpretations, & nous ont finalement ex-
clus du Cabinet.

Mais qu'ils charment les plus sensez : Que leur feinte
pieté serue de talk à leur orgueil, aux clairs-voyans d'é-
blouyssement, si nous feront-ils Cassandres trop verita-
bles s'ils ne sont supplantez. Le mal croist dans le cœur de
vos sujets, ce feu petille tousiours quelque estincelle à tra-
uers les cendres, & n'attend qu'vn vent à propos pour en
faire vn ambrasement. Par là ils pretendent seicher nos
larmes & tarir nos souspirs, afin que n'en soyez plus im-
portuné. O le beau mesnage, Sire, que vous verriez si les
Huguenots auoient quitté le Dé, les bons Peres vous li-
ureroient chance dés le lendemain. Ils estrangeroient
tant de cœurs de vostre seruice, que vous seriez bien tost
Roy de nom, & eux en effect, ils multiplieroient tellemét
les cas de conscience, par leurs sermons, par leurs confes-
sions, que tout gouuernement d'Estat deuiendroit Religion, & faudroit pour regner auec eux que vostre Majesté print l'encensoir & l'ephod. Ne croyez pas, Sire, que
ce soit le zele de la religion de leurs peres, qui les anime à
crier à l'heretique, ou le zele de la maison de Dieu qui les
ronge, c'est le zele de leur maison qui les altere du sang de
vos sujets, & la fantaisie dont ils sont coiffez, qu'vn iour
ils disposeront d'hommes, femmes, enfans, offices, finan-

ces, & de la Couronne à vn besoin, qui les fait ainsi furet-
ter dans vos Cours, vos villes, vos Conseils, pour nous
frustrer de Iustice & de support. Ce n'est pas vostre interest, Sire, qui les porte à cét employ d'artifices, à ces ani-
mositez contre nous : ce n'est pas pour empescher vn as-
sassin de vous approcher, ou pour faire reparer ces assassi-
nats commis és personnes de deux grands Roys vos predecesseurs ; Ce n'est pas pour vous faire rendre vn Royaume vsurpé, ou pour mettre à couuert vostre Couronne de
quelques pretentions estrangeres, il leur en faudroit sçauoir bon gré. Ce n'est pas pour deffendre le champ de la
Croix, ou pour conseruer les heritages qu'ils ont finemét
extorquez aux meilleures familles, on les pourroit extu-
ser ; C'est l'interest estranger à quoy leurs vœux sont liez
par la conscience, ausquels ils postposent tout, & l'Estat
mesme.

A si pernicieux dessein, nous auons parsemé le chemin de cloux & d'espines qui les accrochent par tout,
ils voudroient bien pour les arracher y employer vostre
authorité, luy faire espouser leur party contre vous mesmes, & par vostre oreille faire encore vne fois passer l'em-
brasemét dans l'Estat. Ce leur seroit vn feu de ioye, pourueu que nous y fussions consommez, & que des ruines ils
peussent bastir nos tombeaux. Ce leur seroit vn spectacle
agreable, qu'vne campagne ionchée des corps de vos sujets, pourueu qu'ils nous y peussent recognoistre entre les
morts.

C'est pourquoy, ils ne trouuent point de crayon assez
noir pour nous peindre à vostre Majesté, ils sont inge-
nieux à tourner nos supplications en importunitez, nos
remonstrances en attentats, nostre religion en desobeissance, nos iustes deffences en crime de leze Majesté.

Ayant assiegé vos oreilles, ils vous ont faict nostre pourtraict hideux & digne de vostre indignation, taschet à nous alliener du bon-heur de vos graces, & tant qu'ils peuuent retardent la Iustice & la protection que nous ne demandôs que de vostre Majesté, abusent de la Pieté que Dieu a logée en vostre ame, y formant des scrupules, y tordant des religieux sentimens, ou à leur aduantage, ou à nostre desolation, & de vostre bonté Royalle ils en font vn Arsenac pour nous foudroyer comme meschás qu'ils nous ont figurez, sçachans bien que ne nous pouuez aymer, si nous sommes tels. Aussi s'en font ils vantez, & se persuadant de passer plus auant, entretiennent cependant ce leuaim de haine, desfiance & jalousie entre les deux Religions, vont approfondissant la fléstrisseure sur celle que nous professons, pour en faire vne vlcere, & en fin la gangrene, qui passant iusques au cœur de l'Estat, perdra, non l'vne des deux, mais les deux ensemble, pour nous laisser apres des funestes accidens vne paix sans loy & sans Region.

Alors, Sire, ceux qui pres de vous pallient le mal & negligent les remedes, ne se pourront excuser enuers vous, ny enuers leur patrie, d'auoir, comme mauuais Medecins d'Estat, porté leur Pacient à vne perilleuse recheutte. Ils prennent aduantage de nostre patience, & nos souffrances leur seruēt d'asseral pour leur eschauffer le sang, comme si nous n'auions, ou le courage de mourir pour la cause de Dieu, ou le desir de viure pour luy seruir. Et n'oyent pas ce que plusieurs murmurent (Quoy que peu sagement) que la condition, en laquelle nous sommes, est la pire de toutes pour nous aduancer nostre Religion, qu'vne guerre ouuerte seroit beaucoup plus supportable,

plus supportable, en laquelle nous compenserions la
perte par le gain, & mettrions la Loy de Talion en v-
sage, que la paix telle qu'elle est, qui ne nous appor-
te d'autre aduantage, que de nous voir mourir à petit feu.

Apres Dieu, Sire [& nous le pouuons iurer en
bonne conscience] le seul deuoir qui nous oblige à
vous obeïr, & la charité qui nous lie au repos de l'E-
stat, contiennent iusqu'icy le sang qui bouillonne
dans nos veines au sentiment de tant d'oppression, &
ne croyons pas qu'il y ait d'autres feux ou d'autres ri-
uieres pour nous brusler & noyer, ny d'autres supplices que ceux qui ont veu nos Peres: d'où par la
grace de Dieu, l'Eglise est eschappee. Nous tenons
pour folie les maximes desquelles ils concluent nostre
ruine, & sagesse exquise les oracles du Tout-Puissant
qu'au besoin, & pour nous consoler, nous sçauons
conuertir en maximes d'Estat; quand il est question
de l'Estat de l'Eglise. Iamais, iamais, Sire, tant qu'on
opposera l'Estat à la conscience, nous n'aurons ny
paix en la conscience, ny repos en l'Estat. Iamais
que ruine & malheur à l'Empire, où le Souuerain
espouse vn party entre ses subjects. Il ne faut pas re-
culer bien auant dans l'Histoire pour le verifier. Aussi ne voyons-nous faire telles propositions, ny bri-
guer tels aduantages que par des brouillons d'Estat,
& par des bourreaux de conscience. Les Estats & les
consciences, Sire, ont leurs ressorts si differents, que
qui pense à troubler l'vn par l'autre, est troublé luy-
mesme, & se monstre où malicieux, où ignorant.
Entre Dieu & la conscience il ne s'y trouue rien

qui puisse desguiser celle-cy, qui en puisse contrefai-
re les alleures, ains qui les puisse trauerser. En l'E-
stat tout y est conduict par vne prudence, dont
les replis sont infinis, & les voyes le plus souuent
obliques, où la malice, la deffiance, le fast, le fard,
ont trop de bonne part, parce qu'elle n'a affaire
qu'auec des hommes: En l'Estat ne s'agist que des
choses le plus souuent indifferentes, vaines, cadu-
ques, incertaines, dont les desseings ne passent
pas au delà de ceste vie. La conscience agist dans
le plus secret des hommes, ne traicte que des choses qui abboutissent à vie ou à mort, eternelle, &
c'est d'où les brouillons ont empoigné l'occasion pour la meslanger auec l'Estat, & Ceifs ru-
zez bailler le change à cette meutte Populaire, luy
persuader que l'Estat ne peut estre en repos, si
les consciences ne bannissent au loing tous scrupules de Religion, pour se laisser conduire à ta-
stons sans sentiment, sans iugement, sans raison:
Car quel iugement & quelle raison peut auoir vn
homme qui mettra le feu dans la maison de son
prochain, dans la sienne? parce que tel ou tel n'a
pas son sentiment en la Religion? comme si la Religion se pouuoit planter ou arracher par la force du
bras humain, & non plustost par raisons & persua-
sions tirées de la Parole de celuy à qui seul appar-
tiennent, de prescrire son seruice en la maison.

Sire, lors que nos ames sont teintes de la Religion qui nous est enseignee, elles ne souffrent aucun changement qui vous regarde, si ce n'est pour

vous aymer, craindre, & honnorer d'auantage, leur ferment, leur fidelité, leur affection, leurs seruices ne les tirent point ailleurs.

Nous n'auons point de ferment au dehors, point de supérieur que soubs vostre authorité, nul de qui nous tenions office ou benefice vous estes nostre vni-que, nostre tout apres Dieu. Durant le serain de l'Estat, autre Soleil ne monte sur nostre horizon, en la nuict de ses miseres, point d'autre Phare que vostre autorité, en la solitude dans laquelle on nous expose, point d'autres mont-joyes que vos Edicts, en la guerre couuerte qu'on nous fait, point d'enseigne arboree que vostre Iustice, & parmy les flots & l'orage qu'on excite contre nous, nous n'auons point de balises que vos Royalles vertus. Si nous sommes esloignez de vos yeux pendant que nos mal-vueillans ont le deuant, c'est nostre malheur, iamais manque de tres-humble deuotion à vous seruir. Nostre ferment de conscience n'est qu'à Dieu, celuy de fidelité & d'obeyssance n'est qu'à vous, comme nous ne recognoissons que vous. Qu'ils en dient autant, & qu'ils le dient en conscience & sans équiuoque: Au contraire, à chacun degré de leurs promotions ils reculent vn pas de la fidelité qu'ils vous doiuent natu-rellement: Et finalement s'estant iettez en pleine eau, ils se destachent d'auec vous, perdent de veuë le deuoir, puis le respect de subiects, enfin ne vous sont plus rien, il leur est permis de mettre en question si elle vous appartient souuerainement.

Il n'y a que nous qui retardons [croyent-ils] vne puissance conscientieuse sur vous & sur vos sujets, qu'ils desirent rendre absoluë à vn Estranger.

Si vous ne concluez la guerre à vos subjects selon leur volonté, si vous ne recognoissez ceste puissance en certains cas, ils vous fermeront leur Para-
dis, vous publieront fauteur d'Heretiques, & ne
pouuans arriuer à la feste Sainct Barthelemy, cherche-
ront à celebrer celle de Sainct Boniface.

Ne croyez pas, Sire, que la desolation de l'E-
stat les touche ; dés qu'ils sont entrez là, ils n'ont
plus d'affection que pour eux ; s'ils en monstrent, ce
n'est qu'à dessein d'y profiter, les miseres d'vne guerre ciuile seroient leurs delices, pourueu que nous fussions peris les premiers ; tant & si auant les a desna-
turez ceste promotion qui les deuoit rendre & plus
humains, & plus charitables.

Ce qui les anime donc contre nous n'est pas
l'amour de leur pays, le zele du bien public, &
moins encor, quelque deuotion à vostre seruice:
mais c'est qu'ils ne pensent pas pouuoir monter à l'i-
maginaire domination qu'ils minuttent, ny pouuoir mettre le pied sur les Fleurons de vostre Couronne, s'ils ne s'y font des bresches par nostre ruine.
Ils sçauent que nous crierons aussi-tost au voleur, &
ne trouuent moyen de nous oster la parole qu'en
nous empeschant de respirer.

Pour y paruenir, que n'employent-ils pas ?
Y a-il rien de sacré qui ne soit prophané par eux ?
Commençons par vostre Sacre, Sire, ils sçauent
bien que l'ancien Serment au Sacre des Roys (qui
ne se faisoit moins selon Dieu) ne regardoit que le bie
de la paix, repos, & seureté de l'Estat, la protection

de vos peuples ; aujourd'huy on vous fait iurer d'ex-
terminer partie de vos subjects & plus fideles, &
plus obeïssants à vostre Majesté, qu'ils appellent heretiques ; Vous obligent par conscience de tirer de
vostre sang le plus pur, le plus net de toutes intelli-
gences estragères, de tous mellanges d'affection, Cette piece neufue à vostre serment y a esté consue fine-
met par ceux qui pourpensent vne sorte deschirure,
& dés lors que les Papes se sont mis en l'esprit d'exau-
thorer ceux qui les ont mis hors de page. C'est ainsi
qu'o fait d'vn affaire d'Estat vn cas de conscience, &
toutefois s'il plaisoit à vostre Majesté y voir de prés
elle trouueroit que l'heresie pour laquelle on nous en
veut sur tout, est de ne recognoistre en l'Eglise qu'vn
seul Iesus-Christ pour chef, & en ce Royaume pour
Roy autre que vous ; car en ce qui touche leur ven-
tre, & que nous ne croyons point cela vous doit rendre suspectes, leurs persuations & leurs conseils non
receuables.

C'est prendre vn mauuais chemin en matiere de
religion que de penser faire tenir prison aux esprits,
s'il n'y a que Dieu qui en garde la clef. Que les pri-
sons soient basties de crainte ou d'esperance, d'honneur ou d'ignominie, de promesses ou de menaces,
de recompenses ou de supplices, ils eschappent toujours à la seruitude, & retournent en leur premiere
liberté ; on peut forcer le corps, tirer vne parole de la
bouche, mais le cœur humain s'opiniastre contre la
defette, & mesprise ce qui luy est permis. Venit aux
extremes pour nous faire quitter ce que nous croi-
ons moyen de salut, nous ne pensons pas qu'il puisse

entrer en l'ame de voſtre Maieſté, penſer nous y
pourreprēāpeu par le meſpris, la honte, & l'oppro-
bre dont on nous couure, nous ne penſons pas que
voſtre Maieſté le vueille permettre long-temps.
Ceux qui les nous font ſouffrir, monſtrent plus de
paſſion que de prudence, car la ſeule perſuaſion eſt
la vraye maiſtreſſe des eſprits, par ce qu'auec douceur elle employe la doctrine, & l'exemple, les moy-
ens iuſtieux, dont ſe ſert l'Imprudence quaſi par
tout, nous roidirons pluſtoſt que de nous amollir,
& ceux, qui ne nous pouuans ſeduire, changent
leurs raiſons en outrages, paſſent ſans doubte de
l'humanité à la beſtiſe, de la Religion à l'impieté.
Penſeroient-ils que nous puiſſions facilement pro-
diguer la creance pour laquelle nos peres, auſſi les
Apoſtres ont prodigué leur ſang: ſi nous le croyons
ainſi, c'eſt gloire à nous d'y perſeuerer, & folie de
croire qu'on nous en puiſſe tirer par violence. Nous
ſortirons pluſtoſt de la vie & de nos maiſons que de
noſtre profeſſion, paſſerons pluſtoſt par le feu que
par là, les ſimples femmelettes, les meres Chreſtien-
nes parmy nous aymeront mieux porter leurs enfans au ſupplice qu'à la Meſſe, tant à de force la perſuaſion de pieté, & le zele à toute bonne ame de ſon
ſalut.

Si nous n'auions vne ferme perſuaſion que noſtre Religion eſt d'en hault nous la quitterions bien
toſt, veu les iniures à qui oy elle eſt expoſée, mais
puis qu'on ne la nous peut oſter, non pas meſmes en
nous oſtant la vie, il n'y a celuy de nous qui ne ſoit
perſuadé de la protection de Dieu, & que la cauſe

de son Eglise est celle mesme de Christ, duquel nous
faisons profession. Que ses promesses sont si fermement establies, qu'il est impossible qu'il nous aban-
donne, & s'il nous chastie, nous sommes asseurez
qu'il ne nous perdra pas pourtant.

Nous ne sommes pas meilleurs que nos peres ny
eux que les premiers Chrestiens, ils ont souffert, &
nous souffrions aussi, & auons du sang à perdre
comme eux pour cette querelle, & le perdrons auec
joye pour garder ce depost qui nous est commis,
mais le mal est pour nos mal-vueillans que nous ne
pouuons plus mourir sans compagnie. Ne sert
donc de rien d'y employer la violence, c'est frotter
des cailloux parmy la pouldre à canon, il en reussi-
ra ce que dit le Prophete, ce sera du brasier dans du
bois vn flambeau entre des gerbes, nul n'a iamais re-
mué ce rocher qu'il n'en ait esté escrazé.

L'experience de tant de siecles est pour nous, &
ce rempart de conscience est si ferme, que nous
l'opposerons à toutes calomnies, iniures, machina-
tions, asseurez qu'en le deffendant au peril de nos
vies, il y aura tousiours de la honte pour les assail-
lans.

Au nom de Dieu, Sire, qu'on n'en vienne pas
là plustost, soit vostre authorité nostre auant-mur,
l'obseruation exacte de vos Edicts nostre deffense,
nous n'en voulons point d'autres, tant qu'il plaira
à vostre Maiesté la nous continuer.

Quel mal-heur seroit-ce qu'on nous mit en ce
destroict, & qu'on nous tirast du sein les mains que

nous n'eſtendons que pour vous supplier? Qu'elle eſpreuue de noſtre patience, que vous nous euſſiez abandonnez à la mercy de ceux qui taſchent à nous affoiblir pour nous pouiller puis apres!

Il eſt dangereux, Sire, de laiſſer prendre racine à la maxime de nos haineux, qu'il faut perdre les heretiques: tant qu'elle aura vigueur dans le cœur de vos ſubiects, vous ne ſerez point en repos, ne nous en ſeurté: ceux qui en font vn leuaim de nos miseres qui preſchent à voſtre oreille qu'il faut vne ſeignée, ne ſçauent pas ou diſſimulent malicieuſement, que du ſang iniuſtement reſpandu, il en ſort des eſprits qui mettent les peuples en fureur, & ſeruent d'huile aux embraſemens.

Lors ſerons-nous forcez pour l'amour de Ieſus-Chriſt, & pour l'amour de nous, Sire, de prendre courage, & nous oppoſer à celuy qui voulant rauir ſon empire de Chriſt, taſche auſſi à vous rauir le voſtre.

Nous n'auons en noſtre confeſſion de foy rien qui ne tende à l'honneur & grandeur du regne de Chriſt, rien qui ne tende à l'honneur & grandeur du voſtre: on nous accuſe d'hereſie enuers luy, de rebellion enuers vous: qui ne croira deuoir ſa vie, à la deffenſe de ſi iuſte cauſe? iuſques ici l'amour de noſtre patrie l'emporte par deſſus le courage, la patience contient le deſeſpoir, & retient le retour de tant d'iniures dans le reſpect que nous deuons à vos loix, nous deſmentons nos douleurs en l'attente de voſtre Iuſtice, & re-cuiſons beaucoup de ſouſpirs pour le bien de la paix auec nos concitoyens. Tout cela nous retourne à
meſpris,

mespris, & tant s'en faut que les crimes en
soient amollis, ils s'endurcissent en ce dessein de noyer nos ames dans le pourpre de
nos martyres.

Tesmoins en soient tant d'infractions,
contrauentions, inexecutions de vos Edicts,
où nous ne trouuons article, qui soit de-
meuré en son entier. Ils portent sur le front
la parole du Prince, la foy publique, sont as-
saisonnez de la douceur de la paix, reuerez
entre les bons François, comme tutelaires
du repos, cheris comme le ciment de l'Estat.
Nous esperions viure à couuert soubs leur
asyle, & que le temps les affermiroit en vostre Royaume, mais nos mal-veillans à qui
rien n'est assez ferme, assez sacré, ont tellement grauonné ce ciment, esbranlé cette
fermeté, que la foy publique s'y trouue par
tout violée, & ne reste rien plus que vostre
parole en son entier. Nous recourons à icel-
le, comme à nostre Ancre sacrée, & supplions
tres-humblement vostre Majesté nous sup-
porter si les tours de vis que ces infracteurs
donnent au pressoir de la croix, expriment
malgré nous ces plaintes toutes détrempées
en larmes, & noyees en douleurs. Il ne nous
aduiendra iamais de violer vos loix, bien in-
struits, que ne le pouuions sans violer celles
de Dieu: mais ceux qui osent si souuent violer les vostres, pour nous forcer à les heurter

de noſtre part , monſtrent de quel pied ils
cheminent en voſtre ſeruice , & en quelle re-
uerence ils ont vos volontez.   Quant à nous
qui en auons des actes ſi authentiques , nous
eſtimerõs touſiours nos vies bien employees
à les maintenir , & d'autant plus que nous y
voyons les ſentimens de tous bons François
vnanimement portez; noſtre longue patience nous ſeruira de rempart, contre la calónie
& à la Iuſtice de noſtre cauſe, nous éguiſerons
nos courages , non pour nuire à perſonne,
mais pour arreſter la nuiſance qu'on nous
prepare.

A tant d'outrages nous n'auons iuſqu'icy
oppoſé que voſtre authorité, à tant de blaſ-
mes que noſtre innocence , à tant de ſuper-
cheries, que la crainte de vous offencer. Si on
nous pourſuit auec iniures , c'eſt noſtre re-
uenche de boucher l'oreille ; ſi on nous jet-
te de la fange, de ſecoüer le manteau; on nous
meſpriſe, nous preuenons par honneur : on
nous maudit, nous beniſſons : on nous de-
teſte , nous recerchons : on nous condam-
ne, nous repartons doucement , & ſommes
tellement faits à la patience , qu'il n'y a of-
fence qui ne nous trouue preparez à la ſup-
porter pour le bien de la paix. Toutes nos
vengeances ſont formees en plaintes, & pour
tout recours n'auons que vos Edicts. SIRE,
c'eſt de voſtre authorité de les rendre impe-

nettables à l'orgueil, à l'impudence, à la ca-
lomnie, elle seule peut empescher l'insolēce
de passer aux extrémes, & nostre patience
de passer en fureur. Encore sommes nous
hommes pour auoir quelque sentiment, & si
nous n'estions Chrestiens, & vos tres-humbles sujets d'auantage, nous ne l'endurerions
pas. Ils ne sont pas contents de flétrir nos
honneurs, derauir nos biens, d'attenter à
nos vies, de nous priuer de nos enfans, ils
perdroient volontiers nos ames, puis qu'ils
les vouent à execration, au feu eternel, &
nous procurent vostre indignation. Pour
l'honneur, les biens, la vie, passe, cela se
peut appeller patience, si nous les perdons
en gemissant; mais qui d'entr'eux n'estimera
perfidie ou laschete, si nous endurons le
reste sans nous en ressentir ? Ainsi soit que
nous laissions au iugement de Dieu ce qui
touche nos ames, pourrons-nous suruiure à
l'honneur de vos graces, les ayant perdues
par l'artifice de ces malicieux sans l'auoir merité ? Toutesfois personne des nostres n'a
creu iusqu'icy tout cela assez fort pour rompre l'obeissance que nous vous deuons, nous
voicy encore malgré nos ennemis, nets de
ce reproche que nous ayons les premiers
troublé le repos de nostre patrie. Nos Mini-
stres n'ont point ouuert la bouche à la sedi-
tion, nos Gouuerneurs n'ont point vsé de re-

preſſaille. Nul n'a faict des congregations
ou aſſociations pour minuter des deſſeings
de ſang ou de feu, pour toute conſolation
ils nous renuoyent au bois de la croix, au fiel
& au vinaigre de celuy qui detrempe nos a-
mertumes par les douceurs de ſes promeſſes:
ainſi auons-nous paſſé vingt bonnes années,
attendant que Dieu touche le cœur de nos
Rois pour nous.

Mais quoy, Sire, nos plaintes ne viennent pas iuſques à vous, & s'il y en paruient
quelqu'vne, elle a déja perdu ſa vigueur,
déguiſee, extenuee, & qui pis eſt, transfor-
mee en reproches ou en crimes; s'il nous
auient de redoubler nos plainctes, & faire
ouïr nos gemiſſemens auec quelque vigueur,
incontinent on nous menace de nous faire
eſcrire vos responſes à la pointe de l'eſpee,
& les nous faire prononcer par la bouche
du canon. Nos tres-humbles remonstrances ſont rebellions au iugement de nos ad-
uerſaires, & nos iuſtes, ains neceſſaires deffences, deuiennent crimes de leze-Majeſté,
les preuues de noſtre fidelité ſont conuerties
en teſmoignages contre nous, & la ſyncere-
té de nos intentions en reproches: ſi nous
ſommes excedez on informe contre nous, &
nos aggreſſeurs ſont receus à depoſer. Si on
nous outrage, ſoit de fait, ſoit de parole, nous
ne ſommes pas parties receuables, ſi on a

sonné vn toxen sur nous, nous aurons esmeu
la sedition:Nos iuges sont toushours nos parties; il y a recompense à nous faire du mal, &
vos finances y contribuent de notables som-
mes:s'il faut en fin nous rendre quelque ap-
parence de iustice, nos aduersaires taillent la
plume, & s'il faut quelque remede, ils en
fournissent les ingrediens plus amers cent fois
que la douleur. Vos Edits ne sont plus qu'v-
ne tolerance (ainsi les appellent-ils) vn piege
pour nous prendre au despourueu; On y
fait des bresches par tout, & nulle part sont-
elles reparees: si on ne les oze rompre à la
fois, on les affoiblit peu à peu, ce qu'on ne
peut ouuertement refuser, on le rend inutile
par dilayements, & caue-on des mines soubs
les fondemens de la paix pour les faire iouer
en leurs temps.

En maint endroict on nous empesche l'e-
xercice que vos Edits nous y ont permis. On
ne nous veut laisser viure en repos, ne mourir en paix. Contre vos Edicts on assiege le
cheuet de nos malades, & à force de crier
qu'ils sont damnez, on ne leur permet de se
retourner à Dieu, au moins en rendāt le der-
nier souspir, & quoy que nos haineux n'ayent
rien plus agreable que nos tombeaux, on la-
pide ceux qui nous enterrent, on deterre ceux
qu'on auoit enterrez, & jette-on les corps
aux voiries; on nous assigne pour Cemetie-

C iij

res des lieux infames , on inualide les testa-
ments de derniere volonté, on destourne ailleurs les legs testamentaires. On enleue nos
enfans pour les faire baptiser , s'ils sont pu-
beres, pour les marier, ou les employer contre la conscience des peres , forçant la loy de
nature comme celle des consciences , quand
on nous contrainct aux choses repugnantes
à nostre liberté Chrestienne. Pour sapper
l'Eglise par les fondements , on nous oste
tout moyen d'instruire nos enfans. On nous
recule de tous honneurs , charges, dignitez,
& droicts de vos subjects, les fruicts que nous
deuions receuoir des Chambres de l'Edict
iamais cueillis en saison , soit par les trauer-
ses qu'on nous donne, ou les frequentes euo-
cations ailleurs , ou pour l'impossibilité d'e-
xecuter leurs Arrests quand ils sont obtenus.
On brusle nos Temples , on surprend nos
seuretez, on recule nostre Noblesse de vostre
Maison , on donne leurs pensions à d'autres
qui ne l'ont pas mieux merité , on nous ban-
nit des villes, on excite des seditions, bref on
nous persecute iusques au sang, & ne s'en faut
plus que cela pour combler la mesure, & nous
replongeant aux premiers mal'heurs, verifier,
sans passages de l'Escriture, que nous sommes
vrays Chrestiens , puis que de mesme condition que les premiers.

Sire, tous ces torrents fermeront en fin va

deluge : nous le preuoyons, & ne bastissons
pourtant d'autre Arche que vostre protection; l'Impunité est la mere nourrice de ces infractions : mais il est à craindre qu'elle ne
rencontre l'impatience , & par vn infauste
accouplement ne produisent encore vn tel
monstre que les siecles precedents on veu,
lors que l'authorité Royalle a paru dans l'obseruation de ses Edicts , on a veu la prompte
& miraculeuse guerison des esprits , mesme
lors que les playes estoient encore recentes:
mais maintenant on voit clair , que la mala-
die se glisse de rechef dans les ames , à mesure
qu'on relasche ceste authorité , on sent bien
que les esprits s'aigrissent, que faute d'obser-
uer ces sages regimes de santé dans l'Estat, la
playe est preste à s'ouurir auec des sympto-
mes, sinon mortels, pour le moins tres-dan-
gereux. Ceux qui causent ce mauuais mesnage, Sire, pour des considerations estrangeres, & particulieres, ne pensent rien moins
qu'à vous bien seruir, & n'ont pas tant à dessein de nous nuire qu'à faire leur profit du
mal-heur. Ce sont Soleils de Mars qui pourront esmouuoir, mais non pas resoudre les
mauuaises humeurs, & quands ils se feroient
imaginez de nous pouuoir ruiner, si est-ce
que nostre ruine n'est pas leur but principal,
ils estiment bien plus l'accessoire, à sçauoir la
confusion & le desordre en l'Estat. Si pour

vne bonne fois voſtre Majeſté retranchoit à
ces brouillons l'eſperance de voir vos Edicts
rompus, s'ils auoient veu voſtre Majeſté
fermement reſoluë à les faire obſeruer, que
vos Officiers les premiers à les violer, euſſent
ſenty la peine deuë aux infracteurs, & qu'on
euſt oſté le vent aux trompettes de ſedition,
il ne faut douter que finalemét nous viurions
en paix, & mettrions l'Eſtat hors de conti-
nuelles alarmes, l'eſtranger hors de preten-
tion de nous effoiblir par là. Nous ne vou-
drions pas, Sire, mal penſer de perſonne, mais
il faudroit n'auoir pas veu les artifices, qui
ont terny le ſiecle paſſé de tant de troubles,
noircy la France de tant d'infames cruautez,
pour ne deuiner maintenant que ceux qui
nous veulent replonger dans ces flots, ont
quelque intelligence auec ceux qui trouuent
de la douceur en nos aigreurs, leur repos en
nos trauaux, leur ſeureté parmy nos dangers.
Pendant que l'alarme eſt chez nous, ils gai-
gnent temps & pays, nous ne leur deman-
dons pas ce qu'ils nous ont vſurpé, nous af-
fermiſſons la preſcription, vne generation
paſſe cependant, & l'oubly rend noſtre droit
ſur-anné, nous n'y ſerons plus reccuables.
C'eſt pourquoy on intereſſe vos ſubjects les
vns contre les autres, afin qu'ayant de la be-
ſoigne chez vous, vous n'en cherchiez point
ailleurs. Sire, c'eſt vne maxime aſſeurée que

ceux

ceux qui vous veulent voir en peine ne vous
aiment pas, & vous y seriez, Sire, si vous
preniez leur aduis, qui est de rompre vos
Edits de paix. Ils n'ont encore osé passer jus-
ques-là, que de le dire ouuertement: Ce con-
seil est trop visiblement pernicieux, & pour
l'ozer il faut auoir bien du front. Mais quelle difference y a-il de desmembrer vn Edict
piece à piece, l'enfraindre en detail, ou de le
rompre à la fois ? Il ne s'en faut que d'vne
simple formalité, c'est que vous n'en auez
point de declaration, car au reste vos Parle-
ments y ont tout aussi peu d'esgard.   Or si
nous en sommes paruenus iusques-là, il est
temps de penser à nous, nous y pensons aussi
& recourons à vous. Si vous nous rebutez à
cette fois, il se faut tenir pour mandez, la partie est faicte contre nous, nul n'en pourra
plus douter, plus de seureté pour nous. Nous
serons bien tost la proye de nos haineux, qui
prendront ces desnys pour abandon de nos
biens, & de nos vies à leur animosité.   Ainsi
faudra que la fidelité se courbe sous la malice, ou que vos Edits ne pouuans ployer da-
uantage viennent à rompre, à la grande desolation de vos bons & mauuais sujets.

   Nous en sommes bien prés, si Dieu n'a pi-
tié de nous, car nos haineux n'ont plus de
lieu pour la patience, tant qu'ils nous voyent
exposez à leur mercy, sans Edits, & sans pla-

ce de seureté, ils croyent que ces bicoques
sont les nerfs de vos Edits, que sans elles ils
auroient bien tost froissé les seaux, & déchiré
ce parchemin. O que la rage auroit lors beau
jeu (ce leur semble) qu'on verroit bien-tost
la France despeuplee d'heretiques, on ne
craindroit plus les repressailles, toute cruauté s'exhaleroit de ces cœurs zelez sans crainte de retour. Maudite persuasion, qu'ô met-
te nos vies à si bas prix, & qu'on ne puisse
voir apres tant d'experience, que ceux qui
osent bien enuisager pour cette querelle vne
mort honteuse au jugement du monde, en
pourront bien asseurer vne honorable quãd
on les y forcera. Ces places, Sire, sõt vostres,
& nous n'y auons rien que la seureté, elles
ne sont pas tant pour vous que pour l'E-
stat. Trois iours apres que nous les aurions
rendues, ils nous forceroient à tenir la campagne, & vendre nos vies au prix des leurs,
d'autant plus cherement que nous combat-
trions pour la Foy violee, pour la Religion,
pour la patrie. Ceux qui aiment le sang & la
confusion voudroient bien voir ce mur ab-
batu, qu'ils rendent neantmoins necessaire
par leurs menaces ordinaires d'vne saincte
Barthelemy. Nous essuyons cela par nostre
silence, & passons, mais, Sire, c'est à vous à
qui il importe que ces places demeurent en
nostre garde, autant que l'obseruation de la

paix est necessaire à vostre Estat: Vous trou-
uerez que ceux qui vous importunent de les
oster, ou ils sont estrangers d'affection, ou
ils fauorisent l'Estranger, si ce ne sont gueux
qui n'ayét rien à perdre. Nul bon Frãçois ne
vous conseillera de nous exposer à la mercy
de la cruauté, l'experience ayãt monstré que
le feu prendoit bien-tost aux prochaines
maisons. Nous ne sommes plus gens à mas-
sacrer: il a pleu aux Rois, vos predecesseurs,
& à vous, Sire, de nous octroyer des Edits,
nous mourrons pour vous faire obeïr, & les
garder en leur entier. Iusques-là serõs-nous
sans force, sans action que pour voftre seruice, & jetterons la premiere pierre sur celui
des noftres qui en aura pour autre occasion.
Nos ennemis se trompent, ils ne nous por-
teront pas si facilemét hors de noftre deuoir,
quelques ruses, iniustices, ou violéces qu'ils
y employent, leur malice n'est assez deliée
pour attirer sur nous le blasme du mal qu'ils
veulent faire, elle est descouuerte, & nous
supplions tres-humblement voftre Majesté
d'y regarder. Ils nous voudroient porter à
l'impatience, & de là aux extrémes, pour
dire que nous auons commencé. Mais nous
osons asseurer voftre Royalle bonté qu'elle
nous sera desnyée bien à clair, & bien de
fois auant que nous en venions-là. Nous ne
donnerons jamais cest aduantage à nos ad-

uersaires, à vos mauuais seruiteurs pour attirer sur nous ce blasme perpetuel, mais aussi
supplions-nous tres-humblement vostre
Majesté vouloir tenir la main à la reparation
de tant d'iniustices, reprimer l'insolence,
estouffer la malice, punir la desobeissance de
ceux qui d'eux ou de nous troubleront vostre repos.

Pour le bien cognoistre, Sire, qu'on porte
à vostre Majesté les cahiers respondus durant vostre regne, elle verra tout à clair la
cause de nos gemissemens, & par les respon-
ces la base de nostre affermissement, les suit-
tes de la Iustice, à laquelle nous n'auons sçeu
attaindre, ont laissé nos poursuittes, & plusieurs ont mieux aimé perir sous la Croix,
que recourir à ceux qui la leur ont aggrauee.
Mais non, Sire, que vostre Majesté n'aye
pas ce déplaisir de voir tant d'iniustices que
vos Officiers nous ont faites, qu'il luy plaise
seulement jetter les yeux sur ce qui se passe.
Voicy le cinquiesme mois qui court depuis
quel'Assemblee est par ses deputez aux pieds
de vostre Majesté, suppliante, gemissante
sous les plaintes qui l'assaillent de toutes
parts. Par vn bien petit eschantillon de cinq
ou six articles, elle a faict voir à vostre Majesté, que bien-tost vous l'auriez separee, si
tant soy peu elle receuoit des tesmoignages
de vostre bonne volonté, jugeant par là si

iustice leur euſt eſté renduë du reſte de voſtre
inclination fauorable à les ouir en leurs iuſtes demandes. Trois diuerſes deputations
s'en ſont retournees les mains vuides, l'Aſ-
ſemblee n'a rien obtenu, non pas meſmes
des choſes ou voſtre authorité eſt la plus in-
tereſſee, comme eſt l'affaire de Clermont,
de Lodeun. Que peut-elle donc, preſſé pour
les gemiſſements d'vn million d'ames inno-
centes, que reiterer ſes treſ-humbles ſup-
plications, non pour importuner voſtre Majeſté, mais pour vaincre, s'il eſt poſſible, la
mauuaiſe volonté de ceux qui nous rendent
de mauuais offices prés d'elle en vos Con-
ſeils & ailleurs, que finalement nos ſouſpirs,
& nos larmes toucheront le cœur Royal, &
vrayement juſte, & paternel, & que les ſai-
nes & ſainctes intentions, qu'il a pleu à
Dieu y loger, ſurmonteront en fin les artifices de nos mal-veillants, pour nous ren-
uoyer en nos maiſons, rendre des ſacrifices
à Dieu, des actions de graces à voſtre Majeſté, & des conſolations à tant de pauures familles qui les attendent par nous de voſtre
Rayale bonté.

Nous nous affermirons toujours en la fidelle obeyſſance que nous vous deuons,
nous glorifierons en la ſincerité de noſtre
ſubjectiõ par deſſus nos accuſateurs, & vous
ferons voir que la fidelité qui vous eſt deuë

est si inthime à nos consciences, que nous ne
croyons pas pouuoir blesser celle-là (que
celle-cy n'aye Dieu pour Iuge & vengeur,
sans qu'aucun nous en puisse descharger,
tant que vous lairrez à Iesus-Christ son Empire dans vostre Estat) il establira par sa doctrine le vostre dans nos cœurs, & verifieros
contre ceux qui soubs vostre sacré nom en
voudroient arracher les Lys, qu'ils n'y pourront iamais esteindre les viues marques de
la puissance Royalle, n'empescher qu'elle ne
nous soit plus precieuse que la vie. Soubs le
nom de nos Rois, on nous a bannis, outra-
gez, spoliez, massacrez, nous n'auons en rien
diminué nostre amour ne fidelité, parce que
nous les tenons de Dieu, non des hommes,
on a appointé leur puissance contre nous, &
n'auons en fin trouué plus seure retraicte.
Tant de frequents Edicts qui estoient comme le baulme de nos playes, & qui nous ont
si souuent mis à l'abbry de l'authorité Royalle, nous ont apprins que c'est comme vne
diuinité tutelaire, qui nous couure des atten-
tars de nos aduersaires. Diuinité donc, que
nous reuerons par dessus toutes choses hu-
maines, soubs laquelle nous respirons, &
toutes-fois souspirons encore, à laquelle
nous recourons maintenant la voyant heu-
reusemét accompagnée de pieté & Iustice,
Dioscures de bon presage à vostre Natiuité,

à voftre Sacre, à voftre Majorité. Nous les
prenons pour garents contre tous les confeils qu'on vous pourroit donner contre
nous, les imploros du profond de nos cœurs
és alarmes qu'on nous donne à tous coups,
& dans le peril euident, que les feditions ex-
citées au premier fermon nous feront bien
toft le butin de l'aueugle populaire. Nous
efperons que la clarté de ces deux Aftres diffipera tous ces fombres nuages, & que voftre Majefté ayant recogneu la Iuftice de noftre innocence, diffipera tant de pernicieux
confeils, & que nous en vous feruant poffe-
derons nos ames en patience, & nos con-
fciences en la liberté que le fang de nos peres
& vos Edicts nous ont acquife, afin que
nous portiós de toute noftre force nos biens
& nos vies à l'affermiffement de voftre Eftat,
exaltation de voftre Couronne, & nos vœux
au Ciel, à ce que le Throfne de voftre Majefté foit eftably en Iuftice, & fon Sceptre en
équité, que toutes vos entreprifes foient
heureufes, voftre Royaume paifible, voftre
force inuincible, vos actions admirees, vos
vertus reuerees, vos commandemens obfer-
uez, & voftre regne comblé de felicité, de laquelle, s'il plaift à voftre Majefté, nous auros
noftre part comme vos autres fujects, auec
lefquels l'humanité, la patrie, le Chriftianif-
me, mefmes droicts, mefmes loix, mefme

Roy, mesme maistre nous vnissent si estroi-
ctement, que la consideration des pretentions estrangeres, pour lesquelles nous sommes hais, ne nous en separera iamais.

L'IMPRIMEVR.

*Cette harangue escripte à la main, ayant esté
trouuee près le Louure, lors que M. M. les Deputez de l'assemblee y furent entrez, i'ay estimé
que c'estoit celle qu'ils deuoient faire à sa Maiesté, mais ne sçachant si elle aura esté prononcee,
ie vous la donne, Lecteur, sous le nom de Proso-
popee, car c'est à peu près ce qu'il faut peu dire.*